AUGUSTINE BROHAN

QUI

FEMME A, GUERRE A

COMÉDIE EN UN ACTE ET EN PROSE

Représentée pour la première fois à Paris, sur le Théâtre-Français,
le 13 décembre 1859

Prix : 1 franc

PARIS

LIBRAIRIE NOUVELLE

BOULEVARD DES ITALIENS, 15

A. BOURDILLIAT ET Cie, ÉDITEURS

1859

QUI

FEMME A, GUERRE A

COMÉDIE EN UN ACTE ET EN PROSE

Représentée pour la première fois à Paris, au Théâtre-Français,
le 13 décembre 1859.

Paris. — Imp. de la LIBRAIRIE NOUVELLE. — A. Bourdilliat, 15, rue Bréda.

AUGUSTINE BROHAN

QUI

FEMME A, GUERRE A

COMÉDIE EN UN ACTE ET EN PROSE

PARIS

LIBRAIRIE NOUVELLE

BOULEVARD DES ITALIENS, 15

A. BOURDILLIAT ET Cie, ÉDITEURS

Représentation, traduction et reproduction réservées

1859

PERSONNAGES

LE COMTE................. ...... M. BRESSANT.

LA COMTESSE................... Mlle FIX.

UN DOMESTIQUE............. ... M. MASQUILIER.

QUI
FEMME A GUERRE A

Au lever du rideau, le comte et la comtesse sont chacun dans un fauteuil au coin de la cheminée.

SCÈNE PREMIÈRE

LE COMTE, LA COMTESSE.

LE COMTE, après un silence.

Vous vous ennuyez, comtesse?

LA COMTESSE.

Mortellement.

LE COMTE.

Ah! je ne vous suffis plus.

LA COMTESSE.

Au contraire!

LE COMTE.

Merci! Voulez-vous sortir?

LA COMTESSE.

Cela m'est égal.

LE COMTE.

Où irions-nous?

LA COMTESSE.

Où vous voudrez.

LE COMTE.

Cela vous distrairait-il?

LA COMTESSE.

Je ne crois pas.

LE COMTE, se renversant sur son fauteuil.

Vos siéges sont détestables, comtesse.

LA COMTESSE.

Abominables, cela est vrai. (Elle feint de s'endormir. — Silence.)

LE COMTE.

Puis-je allumer un cigare?

LA COMTESSE, sans rouvrir les yeux.

Non.

LE COMTE.

Vous êtes, ma chère, un vrai tyran; on fume partout à cette
heure, et je suis peut-être le seul homme qui ne l'ose pas chez...

LA COMTESSE, se redressant vivement.

Chez qui?

LE COMTE.

Chez sa femme.

LA COMTESSE.

Pourquoi vous gênez-vous? Vous alliez dire : « Chez moi. »

LE COMTE.

Non, en vérité.

LA COMTESSE.

Ne le sais-je pas bien, que vous êtes ici le maître, que je suis devenue votre humble épouse, et par conséquent votre obéissante servante?

LE COMTE, riant.

Réellement, êtes-vous si obéissante et si humble? Que ne l'aviez-vous dit? Je ne m'en étais guère aperçu.

LA COMTESSE.

Riez tant qu'il vous plaira, il n'en est pas moins vrai que je dois subir vos caprices, que je ne m'appartiens plus, que je dois me courber devant votre censure, votre contrôle, votre jalousie...

LE COMTE.

Là, là... Vous devenez injuste, comtesse, je ne suis pas jaloux, vous le savez bien.

LA COMTESSE, amèrement.

Ah! cela est vrai, vous êtes plein de confiance en moi.

LE COMTE.

Vous en offensez-vous?

LA COMTESSE.

Ma foi, oui! soyez sûr de moi, soit; mais soyez assez modeste pour supposer un tout petit moment que votre mérite pourrait bien quelque jour diminuer à mes yeux.

LE COMTE.

C'est donc que vos yeux changeraient, comtesse, car c'est vous qui m'avez choisi, souvenez-vous-en.

LA COMTESSE.

Si mes yeux changent, comte, c'est en tout cas maintenant qu'ils sont bons. Si je vous ai choisi, j'ai fait une grande sottise.

LE COMTE.

Vous me ménagez trop, en vérité! Mais enfin, voyons, qu'avez-vous pour me maltraiter ainsi?

LA COMTESSE.

Moi? Je m'ennuie... vous l'avez dit.

LE COMTE.

Faisons quelque chose pour vous désennuyer.

LA COMTESSE.

Que voulez-vous que je fasse?

LE COMTE.

Je ne sais; cherchons ensemble. Je suis votre meilleur ami, et j'ai vraiment pitié de vous voir ainsi. Savez-vous que c'est presque une maladie?

LA COMTESSE.

Je le sais; mais, en vous remerciant de votre intérêt, je dois vous avouer que ce n'est pas son mari qu'une femme prend pour médecin dans ces cas-là.

LE COMTE.

Expliquez-vous, comtesse?...

LA COMTESSE.

Que vous importe? vous n'êtes pas jaloux.

LE COMTE.

Je suis rassuré, mais non pas tranquille; il ne me suffit pas de savoir que vous ne ferez rien de blâmable, l'idée que cette vertu vous serait un sacrifice est douloureuse, et j'aurais peine à m'y faire.

LA COMTESSE.

Ah! ces délicatesses-là troublent bien rarement la tête d'un homme qui a son contrat de mariage en poche.

LE COMTE.

Décidément, madame, vous avez de moi une très-bonne opinion.

LA COMTESSE.

Que faites-vous pour me la donner meilleure? où sont les preuves de dévouement et d'amour que vous me donnez?

LE COMTE.

Mais vous m'étonnez au delà de ce que je puis dire: je vous aime très-tendrement ; mon dévouement n'a pas, il est vrai, l'occasion de se montrer, pourtant le nier serait une injustice.

LA COMTESSE.

Vous souciez-vous seulement de savoir ce qui se passe en moi, si je suis heureuse? Vous me voyez calme et cela vous suffit. Mais ces promesses que m'apportaient vos protestations, ces joies de la vie à deux, où sont-elles ?

LE COMTE.

Où sont-elles?... Mais ici, entre nous, chez nous. Quels malheurs, quels ennuis vous y ont atteinte, quel sujet de trouble vous ai-je apporté? Ma pensée est pour vous du moment où je m'éveille. S'il est quelque chose qui vous puisse plaire, un plaisir, une promenade, je vous l'offre...

LA COMTESSE, amèrement.

Vous avez raison; hier encore vous m'avez apporté ce bracelet, je dois être bien heureuse, et je le suis.

LE COMTE.

Comtesse, vous m'affligez ; ne restez pas ainsi chez vous. Depuis quelque temps, vous devenez trop casanière ; voyons, secouez ce spleen ; avec de la volonté, il passera. Toutes les personnes intelligentes ont de ces moments de misanthropie ; un peu de volonté et de raison suffisent à en triompher. Habillez-vous, nous allons sortir et essayer...

LA COMTESSE.

Ah ! ne me parlez pas, mon cher comte, de ce que vous pourriez m'offrir comme distraction. Je sais par cœur à l'avance votre programme ; il ne me tente pas.

LE COMTE.

Mais c'est plus que de l'ennui ; cela indiquerait presque un chagrin.

LA COMTESSE.

Peut-être bien.

LE COMTE.

Qui peut le causer ?

LA COMTESSE.

Les choses de la vie, les promesses mensongères de l'espérance, la perte des illusions.

LE COMTE.

Qu'espériez-vous donc, que souhaitiez-vous, qu'avez-vous perdu ?

LA COMTESSE.

Je souhaitais être votre femme, alors que j'espérais vous trouver tel que je vous croyais, et c'est vous que j'ai perdu, comte, dès que je vous eus pris ! Oseriez-vous soutenir que vous êtes aujourd'hui ce que vous-étiez avant notre mariage?

LE COMTE.

Vous êtes charmante dans votre colère, et pour bien des choses, je n'aurais pas voulu manquer la délicieuse soirée que vous me faites passer !

LA COMTESSE.

Vous plaisantez... A votre aise.

LE COMTE.

Mais je ne plaisante pas, comtesse ; je vous assure que je vous adore ainsi, et laissez-moi vous dire que si j'ai changé, il n'en est pas ainsi de vous. C'est toujours la même beauté, le même esprit, et jusqu'à cette petite pointe de despotisme qui accompagnait déjà vos premiers pas dans le monde.

LA COMTESSE.

Que voulez-vous dire avec cette petite pointe ? Parlez clairement.

LE COMTE.

Vous rappelez-vous la façon dont je m'y suis pris pour vous faire la cour ?

LA COMTESSE.

Du tout.

LE COMTE.

Je vais vous la remettre en mémoire. Quand vous arriviez dans un salon, je passais dans un autre ; quand vous valsiez, je pol-

kais ; quand vous aviez votre loge à l'Opéra, j'allais à la Co-
médie-Française, et quand votre mère recevait, je causais avec
votre sœur. Vous ne comprenez pas? Votre caractère charmant, mais impérieux, s'est offensé de l'indifférence que j'af-
fectais à votre endroit, et vous avez daigné vous occuper de moi.

LA COMTESSE.

Vous concluez

LE COMTE.

Que déjà vous étiez un peu despote, voilà tout.

LA COMTESSE.

Eh bien, mon cher comte, ne vous en déplaise, je suis fâchée
d'avoir à vous faire rayer de la liste de vos petits triomphes tout
ce que vous avez mis sur mon compte. Quand vous polkiez, je
ne le savais pas, et je valsais bien consciencieusement de mon
côté, je vous assure. Quand vous étiez ailleurs, je ne m'en
occupais guère, car, généralement, je ne pensais à vous qu'en
vous voyant arriver, et quand vous causiez avec ma sœur, j'étais
bien tranquille, sachant à merveille que vous ne parliez que
de moi.

LE COMTE.

Eh bien ! cela prouve une fois de plus que les petites filles en
savent plus long que leur curé ; mais alors, voyons, dites-moi,
puisque c'est vous, — je le répète, — vous qui m'avez bien
certainement choisi, pourquoi être ainsi devenue froide, blasée,
hautaine ?

LA COMTESSE.

Sérieusement, faut-il vous le dire ?

LE COMTE.

Je vous en supplie.

LA COMTESSE, avec véhémence.

Eh bien ! parce que je méprise votre sexe, — parce que je rougis de m'être laissée prendre à un piége grossier, — parce que je hais le mariage. — Faites-moi le plaisir de me dire s'il n'y a pas deux hommes bien distincts dans l'amant qui devient mari. — Autrefois, il y a donc cinq ans de cela, auprès de moi vous étiez ému ; maintenant vous êtes poli. — Quand on prononçait mon nom devant vous, vous étiez embarrassé de la bouffée d'orgueil qui vous montait au visage ; maintenant vous arrivez avec aplomb, interrogeant du regard et de la voix. — Autrefois votre bras tremblait quand le mien s'y appuyait ; maintenant, vous marchez droit et ferme, vous souciant peu si mon pas peut suivre le vôtre ! — Ce sont des nuances qu'une femme sait observer. — Autrefois encore, votre place favorite était sur le coussin que vous mettiez devant mes genoux. — Voyez, le coussin est bien encore là, mais tristement relégué dans le coin tandis que vous envahissez un fauteuil encore trop étroit à votre gré. — Enfin, mon cher comte, autrefois...

LE COMTE.

Autrefois?

LA COMTESSE.

Autrefois vous étiez mince et maintenant vous engraissez !

LE COMTE.

Horreur ! Je vous comprends, madame, je n'ai plus qu'à me pendre!

LA COMTESSE.

Moquez-vous bien. Ce n'est pas parce que vous perdez de votre élégance, de votre tournure, que je me plains, mais c'est pour ce qu'il y a d'insolent dans votre transformation. Que c'est bien là l'homme marié, qui sait, à n'en pouvoir douter, qu'une pauvre femme, la sienne, est attachée dans sa maison, que rien ne pourra la délier, qu'il faudra qu'elle meure pour se reconquérir ! Oui, je le répète, il y a un véritable abus de la force, de l'absolutisme, dans ce tyran, tellement assuré, tellement possesseur de sa position inattaquable, qu'il s'étale, se gonfle, grossit, se met à l'aise dans ses habits comme dans son intérieur. Fi ! fi ! c'est un spectacle odieux !

LE COMTE, abasourdi.

Et moi qui ne me doutais de rien, qui vivais tranquillement sans savoir... Mais, dites-moi, pendant que vous êtes en veine de franchise, y a-t-il en moi autre chose qui vous choque ? Dites tout, je vous en supplie...

LA COMTESSE.

Eh bien ! je vous en veux encore de ce que, les jours où nous allons dans le monde, vous m'y laissez seule dès qu'arrivés...

LE COMTE.

C'est d'assez bon goût ; il me semble que nous n'allons pas chez les gens pour être en tête-à-tête ; je vous laisse à vos amis.

LA COMTESSE.

Si vous saviez quel tort vous fait votre absence ! et quelle colère sourde j'en ai contre vous ! À quoi me sert-il d'être belle, vous parti ? Que me font les compliments, les hommages que je

reçois, si je ne vois pas sur votre visage un peu de jalousie?
Vous fuyez devant cette petite souffrance dont mon orgueil se ré-
jouirait, vous attendez tranquillement que je revienne vers vous,
le cœur plein d'une vanité qui ne trouve pas à s'épancher, car
je ne puis réellement pas vous compter mes succès comme une
provinciale ou une pensionnaire; — non, il faut garder tout cela
pour soi! Séparée du monde, une fois rentrée, tout est dit; il
faut se résoudre à se murmurer à soi-même les doux refrains
qu'on a entendus chanter à son oreille, jusqu'à ce que le souvenir de la dernière fête soit éteint! Puis, un beau jour, on ne sait
pourquoi, à propos de rien, on est tout étonnée de retrouver,
dans un coin de sa tête ou de son cœur, quelque douce figure
qui vous suit encore d'un regard enthousiaste, un son de voix,
un silence, une admiration muette qui vous trouble et vous fait
regretter d'abord, puis rêver!

LE COMTE s'essuyant le front.

C'est charmant, cette petite perspective que vous m'ouvrez là,
savez-vous. Heureux maris!

LA COMTESSE.

Pauvres femmes! Voyons, comte, soyez juste, quel cas faites-
vous de nous? ne sommes-nous pas pour vous des jouets, des
poupées? N'est-ce pas la plus jolie, la mieux pomponnée d'entre
nous que vous préférez, et quand enfin vous avez bien voulu con-
clure par-devant notaire le marché qui vous la livre, que deve-
nez-vous, sinon des propriétaires avares qui mettent sous clef
leur acquisition, ou des indifférents coupables qui l'abandonnent
au milieu de toutes les libertés? — Croyez-moi, *les femmes sont
ce qu'on les fait*, et quand vous nous mettez en dehors de
tout; que vous nous rejetez impitoyablement dans les chiffons
et les modes, ne venez pas, après, vous étonner de ce que
nous ne nous parons pas exclusivement pour nos gens de
service; ne soyez pas surpris que nous cherchions d'autres éloges

que ceux de nos miroirs, et s'il vous convient de ne pas nous regarder, parce que nous sommes vos femmes, supportez patiemment que nous allions quêter ailleurs des admirations, que nos efforts pour plaire mûriraient bien, je vous assure!... Dame, tant pis pour vous, si nous nous en montrons trop reconnaissantes ! c'est sans remède... Il y a des cœurs que l'affection attire comme l'abîme.

LE COMTE

Fort bien ; ah ! je le vois, je suis une grand coupable. (La comtesse se lève et va pour rentrer chez elle, le comte l'arrête.) Mais est-ce bien tout, comtesse, de bonne foi, n'avez-vous plus rien sur le cœur?

LA COMTESSE, regardant à sa montre.

Oh, si fait ! mais il est tard ; si nous nous mettons ainsi à passer en revue tous vos défauts...

LE COMTE.

Bah, n'importe, buvons le calice jusqu'à la lie.

LA COMTESSE.

Vous le voulez absolument.

LE COMTE.

J'y tiens beaucoup. Voyons quelles maladresses, quelles erreurs, quels crimes est-ce que je commets encore ?

LA COMTESSE.

Vous avez encore le simple tort, mon cher comte, de rester souvent seul avec moi le soir.

LE COMTE.

Hum ! seul avec vous, — et puis seul sans vous dans le
monde, — êtes-vous bien sûre de vos griefs ? Ils se contredisent
ce me semble.

LA COMTESSE.

Pas du tout, c'est toujours en principe la même faute. Seule
avec vous, quel mérite, quel charme pouvez-vous trouver chez
moi excepté celui de n'être pas mouillé dehors, d'avoir un bon
feu et une tasse de thé ; mais de moi, rien ? Voyez-vous seulement, enfoncé dans la lecture de votre journal, si mes doigts
sont fins et déliés, si j'ai des ongles roses ? « Vous causerez, »
me direz-vous, mais si je cause pour être de votre avis, c'est
vous que vous applaudirez, et si je discute, vous me trouverez
insupportable. Tandis qu'au milieu du monde, vous regarderez de
mon côté où regarderont d'autres ; vous prendrez parti pour
moi ; si, discutant, je dis votre pensée, vous serez fier de moi
qui saurai vous traduire... Si je hasarde quelque chose qui ne
soit pas votre avis, vous tremblerez pour moi, car moi alors c'est
nous ! c'est votre nom, c'est votre considération, c'est la raison
sociale qui s'expose... Ici, seule, je ne suis plus qu'un des meu-
bles dont vous avez l'habitude, et c'est très-juste, très-naturel.
Moi-même, je sais fort bien que je ne tiendrais pas du tout à posséder tous les trésors, tous les diamants de la couronne, dans
une île déserte, car, comme disait ma grand'mère : « Il n'y
a royne sans sa voisine. »

LE COMTE.

Que voilà bien les femmes ! Tout pour la vanité !

LA COMTESSE.

Que voilà bien les hommes ! Tout pour l'égoïsme !

LE COMTE.

Vous appelez égoïsme s'accommoder de ce qu'on a, ne rien désirer de ce qu'ont les autres, et vivre heureux auprès de la femme qu'on aime !

LA COMTESSE.

Arrangez cela ainsi si vous voulez, c'est une définition qui ne modifie en rien l'idée que je me suis faite.

LE COMTE.

Mais enfin expliquez-vous. Qu'est-ce que c'est au juste qu'un égoïste ?

LA COMTESSE, le regardant en face.

Un égoïste, c'est un monsieur qui a été militaire, qui a été amoureux, qui a été mince, et qui est décoré de la Légion d'honneur. Maintenant que je vous l'ai présenté, je vous laisse avec lui et je vais vite m'habiller pour aller chez madame de Courmont.

LE COMTE.

Chez madame de Courmont ?

LA COMTESSE.

Oui, je viens de me souvenir que c'est son jour, et j'ai promis une valse au baron Garvagh, qui me fait la cour comme vous savez, et qui mourrait de chagrin si je lui manquais de parole.

LE COMTE.

Sérieusement vous voulez sortir ?

LA COMTESSE.

Franchement notre conversation n'a pas du tout dissipé mon ennui, au contraire! et je ne suis pas fâchée d'aller un peu oublier tout ce que nous avons dit. Ce n'était pas déjà si gai!

LE COMTE, tendrement, prenant sa femme par la taille.

Restons, ma chère, je vous en prie, cette conversation n'aura pas été inutile, je vous jure, et...

LA COMTESSE, se dégageant.

Du tout, du tout! le baron Garvagh me trotte par la tête.

LE COMTE.

Blanche, je vous en supplie...

LA COMTESSE, de sa porte.

Adieu, comte, je vais m'habiller. (Elle rentre chez elle.)

SCÈNE II

LE COMTE, seul.

Le baron Garvagh n'est pas dangereux, mais quelqu'autre le deviendra. Quelle chose singulière! Blanche est certainement sage et bien née; son esprit est même supérieur; voilà pourtant ce qu'elle fait de notre bonheur à tous deux! Que faut-il donc à ces frêles créatures qu'un souffle pourrait abattre, et qui trouvent pour nous torturer des forces que n'aurait pas le bourreau ? Que demandent ces imaginations malades ? que faut-il faire ? qu'inventer, qui les nourrisse et les empêche de rêver dans le vide ? quoi donc ! Être un brave garçon, un honnête homme, un fidèle ami, un amant même ne suffira pas. Une femme, sensée pourtant, honnête, ne pouvoir comprendre qu'après la joie du désir et de la possession, s'il y a un changement, la différence est à l'avantage du mariage !... On reproche sérieusement à un mari de ne plus avoir ces craintes, ces doutes, ces émotions qui mille fois vous donnent l'envie de renoncer à une poursuite ; on lui reproche de se sentir heureux, fier, assuré, quand son bonheur vit en lui, avec lui, qu'il est là, qu'il le sent au bout de ses doigts, sur son cœur, sous son toit ! On veut qu'il ait encore des timidités quand il se voit le chef, le protecteur, le maître ! Mais pardieu, madame, vous aussi, vous êtes changée à ce compte, vous ne rougissez plus du tout, mais du tout, quand je vous regarde, et pour bien d'autres choses encore vous n'êtes plus la même ! Oui, cela est vrai, je fuyais jadis les conversations où j'entendais son nom... C'est que je croyais en l'avenir, et qu'au milieu de tous ces gens qui la recherchaient, à qui elle appartenait aussi bien qu'à moi par l'espoir, je me trouvais trop privilégié. Je me cachais moi-même ne pouvant cacher ce qui se passait en moi. Maintenant je veille ! je ne puis plus être le voleur, mais je puis être le volé. Ah ! me voilà bien franchement un mari ! Mais puis-je lui en vouloir, et quand je l'entends me dérouler ces petites théories dont elle paraît aussi fière que de ses recettes pour faire des confitures, dois-je hausser les épaules ? N'y a-t-il pas bien du vrai dans ce qu'elle dit ! et ne pourrait-elle pas dire plus encore ? Nous vivons, nous vivons largement, copieusement, jusqu'à l'assouvissement complet, et puis, quand vient le dégoût, la fatigue, nous regardons autour de nous, nous visons une dot, une beauté, et voilà que de pauvres enfants toutes nouvelles viennent nous apporter leur fraîcheur, leurs espérances, leurs rêves de la pension ; elles ne savent rien, veulent tout apprendre ; leur cœur est tout grand ouvert, leurs yeux étonnés regardent ; elles s'élancent au-devant de la vie tandis que nous les suivons de mauvaise grâce, nous qui sommes tous plus ou moins fourbus! Quels compagnons de voyage! pauvres jeunes femmes! tout est là : elles vont, et nous revenons. Il ne faut pas trop les accuser. Patience! donnons nous-mêmes un sujet d'occupation à leur amour du nouveau, de l'inconnu; soyons, — il n'y faut pas grand effort, — la douce image que Blanche retrouvera un beau jour dans un coin de son cœur... Puisque, décidément, on ne conserve rien en ce monde sans un entretien minutieux, résignons-nous, et faisons pour garder nos femmes, ce que certainement nous faisons pour les obtenir : jouons un peu la comédie! — Ah! ma chère petite femme, vous êtes, dites-vous, tout ce qu'on vous fait. Eh bien! je vais essayer de vous faire comme il convient que vous soyez pour mon plus grand contentement et ma plus grande tranquillité!

SCÈNE III

LE COMTE, LA COMTESSE.

LA COMTESSE, entrant.

Me voilà prête.

LE COMTE.

Savez-vous à quoi je pensais là?

LA COMTESSE.

Pas du tout.

LE COMTE.

Je pensais que vos fauteuils sont moins mauvais qu'ils n'en ont l'air.

LA COMTESSE.

Belle réflexion à me dire au moment où je pars !

LE COMTE.

C'est que tout justement vous ne partez pas.

LA COMTESSE, étonnée.

Je ne pars pas !

LE COMTE.

J'ajoute que je ne veux pas que vous alliez seule chez madame de Courmont.

LA COMTESSE.

Vous ne voulez pas !

LE COMTE.

Absolument pas.

LA COMTESSE.

Vraiment, mon cher comte, il faut que vous ayez deviné que je n'y allais qu'à regret, et que vous veuilliez me donner l'envie irrésistible de m'y rendre.

LE COMTE.

Je n'ai pas eu cette délicate attention, je dois l'avouer, seulement il ne me convient pas que vous alliez rejoindre le baron Garvagh, et *je vous le défends*.

LA COMTESSE, le regarde un peu étonnée. — Après un moment
d'hésitation elle sonne. — Un domestique entre.

Ma voiture.

LE DOMESTIQUE.

Oui, madame la comtesse. (Il sort.)

LE COMTE, sonnant à son tour. — Le domestique rentre.

C'est inuti'e. Qu'on n'attèle pas.

LE DOMESTIQUE.

Non, monsieur le comte. (Il sort.)

LA COMTESSE, stupéfaite.

C'est vous, c'est bien vous qui me traitez ainsi !

LE COMTE.

Votre étonnement me flatte au dernier point ; c'est le plus bel
éloge de ma conduite passée.

LA COMTESSE.

Mais avez-vous bien réfléchi?

LE COMTE.

A quoi?

LA COMTESSE.

A ce que vous faites là.

LE COMTE.

Réfléchi, non. C'est inutile, j'ai fait mon droit... Article 213...
Code civil.

LA COMTESSE.

Mais c'est une indignité, monsieur.

LE COMTE.

Cela se fait tous les jours, madame ; allez vous déshabiller, et revenez, je vous prie, j'ai une longue conversation à avoir avec vous. (Il allume son cigare et s'assied.)

LA COMTESSE, à part.

Je ne le reconnais pas... ce n'est pas lui... Il fume maintenant ! Que vais-je devenir ? Je ne dois pas céder. Non. Ce premier pas fait, je suis perdue. (Haut.) Vous êtes bien décidé, monsieur, à ne pas me conduire au bal ?

LE COMTE.

Très-décidé.

LA COMTESSE.

Et vous croyez avoir le droit de m'empêcher d'y aller seule ?

LE COMTE.

Je ne crois pas, j'en suis sûr.

LA COMTESSE.

Exercez donc ce droit, car, malgré votre défense, je pars.

LE COMTE.

Prenez-y garde, ma chère. Je dois vous prévenir que je vous suivrai et vous offrirai mon bras pour revenir dès que vous serez entrée.

LA COMTESSE.

Ah ! c'est affreux !

LE COMTE.

Je vous préviens encore que si je rencontre le baron Garvagh je le soufflette.

LA COMTESSE.

Mais vous êtes fou.

LE COMTE.

Vous m'avez exaspéré, madame, je ne me contiens plus.

LA COMTESSE.

Eh bien, monsieur, comme malheureusement pour moi je ne puis rien contre la force physique et la brutalité, je me soumets. Je rentre chez moi puisque vous l'ordonnez, mais n'attendez plus de moi désormais d'autres sentiments que la haine et le mépris!... (Elle rentre chez elle.)

SCÈNE IV

LE COMTE, seul; il sonne. — Un domestique paraît.

Justin, cherchez dans mon nécessaire de voyage, le vieux, — celui qui ne me sert plus depuis longtemps... — Vous trouverez, je pense, une lettre dans la poche qui est sur le côté, vous me l'apporterez vite. — Que va-t-elle faire? (Il regarde par le trou de la serrure.) Elle ôte sa guirlande, elle la remet, elle pleure... De nouveau elle se décoiffe. Elle parle à sa femme de chambre, celle-ci lève les bras au ciel! Bon! elle lui raconte que je suis Barbe-Bleue. Eh bien, elle se recoiffe! Ce sont sûrement les conseils de mademoiselle Julie qui causent ces variations... (Le domestique entre et remet la lettre. — Le comte la prend.) C'est bien.

En sera-t-elle la dupe? une lettre de sept ans! (Quand le domestique est parti, il reprend son poste d'observation.) Elle a renvoyé sa femme de chambre. Eh! non, la voilà dans le fond de la chambre; que fait-elle donc? des paquets. Oui, vraiment, son écrin, ses bijoux. Oh! oh! la comédie tourne au drame. Tant mieux, l'émotion durera plus longtemps, nous pourrons attendre quinze jours au moins avant de recommencer. Elle se dirige de ce côté, bravo! elle vient me dire un éternel adieu.

SCÈNE V

LE COMTE, LA COMTESSE.

LA COMTESSE, entrant. — Elle a pleuré.

Monsieur le comte, je viens vous demander une dernière fois, oui ou non, si je puis aller à ce bal?

LE COMTE.

Une dernière fois, madame, non.

LA COMTESSE.

Alors, monsieur, je vous fais mes adieux.

LE COMTE, à part.

C'est bien cela. (Haut.) Vos adieux!

LA COMTESSE.

Oui, monsieur, je pars. Je vais demander la protection de ma famille contre vos mauvais traitements.

LE COMTE.

J'ai déjà eu l'honneur de vous dire, madame, que j'avais fait mon droit : vous n'avez eu aucun mauvais traitement à essuyer de moi ; il n'y a ni sévices ni injures graves à constater. Vous m'avez dit que vous alliez chez madame de Courmont pour danser avec le baron Garvagh qui vous fait la cour, je vous ai répondu que je n'y consentais pas. La loi et le bon sens sont pour moi. Prenez-en donc votre parti ; renoncez à cette petite fête, et croyez-moi, pour toute chose qui me semblera convenable, votre très-humble serviteur. (Il prend son chapeau.)

LA COMTESSE.

Vous sortez ?

LE COMTE.

Oui, madame.

LA COMTESSE.

Ayez un moment de réflexion, monsieur ; je ne suis pas une enfant ; vous ne pouvez avoir sérieusement le projet de me traiter comme vous le faites. Après avoir vécu si heureux, vous ne voudrez pas, j'en suis sûre, faire de notre ménage un objet de risée publique ; voudrez-vous qu'on croie ce que vous ne croyez pas vous-même, que le baron?... Oh ! j'en rougis pour vous, monsieur.

LE COMTE.

Madame, je n'ai rien inventé, ce monsieur « qui vous trotte dans la tête » existe ; il a une raie au milieu du front ; il vous trouve belle, — le contraire est impossible, — et vous voulez aller danser avec lui. — Je ne le veux pas.

LA COMTESSE.

Venez à ce bal, monsieur, vous ne me quitterez pas. J'imagi-

nerai un prétexte, je ne danserai pas; mais, au moins, vous ne
m'aurez pas traitée d'une façon indigne de nous, vous n'aurez pas
mis entre vous et moi une injure irréparable.

LE COMTE.

Non, madame, tout ce que je puis faire en faveur des années
heureuses que je vous dois, je me plais à le reconnaître, c'est de
vous rendre votre liberté en reprenant la mienne, c'est de consentir à une séparation amiable.

LA COMTESSE.

Une séparation!

LE COMTE.

A vous parler franchement, à mon tour, je suis las, bien las,
de la vie que nous menons; je sais que votre cœur ne m'appartient pas, je vois l'indifférence, le dégoût que je vous inspire...

LA COMTESSE.

Le dégoût?... ·

LE COMTE.

Eh mon Dieu! je le comprends.... cette malheureuse graisse...

LA COMTESSE.

Oh! monsieur, une plaisanterie...

LE COMTE.

Non pas; vous parliez sérieusement, je l'ai bien vu. Si j'étais
plus jeune, plus encouragé, j essayerais... je m'entraînerais pour
reconquérir votre cœur, mais le courage me manque. J'avais pris

UNE CHARGE A PAYER,

COMÉDIE EN UN ACTE ET EN VERS,

PAR M. ACARIE - BARON

Représentée pour la première fois

sur

LE SECOND-THÉATRE-FRANÇAIS,

(ODÉON)

Le 27 Décembre 1841.

PARIS.

BRETEAU ET PICHERY, LIBRAIRES-ÉDITEURS

Passage de l'Opéra, galerie de l'Horloge, 16.

PERSONNAGES.

—

PELLEGRIN, avoué honoraire.	P. Monrose.
Paul LAGRANGE, son successeur.	Alf. Baron.
GROSCHENET, marchand quincailler.	Lautemanne.
Madame DUVIVIER.	Mlle Doligny.
LOUISE, sa fille.	Mlle Daguery.

—

(La scène se passe à Auxerre chez Mad. Duvivier.)

—

UNE CHARGE A PAYER.

Le théâtre représente un salon donnant sur des jardins. Deux portes latérales à droite des acteurs. A gauche au premier plan une fenêtre avec rideaux, porte d'entrée au second plan : du même côté, une table et ce qu'il faut pour écrire.

SCÈNE PREMIÈRE *.

Mad. DUVIVIER, GROSCHENET.

MAD. DUVIVIER.

Oui ! Monsieur Groschenet, je me suis fait comprendre,
Si ma fille y consent, vous deviendrez mon gendre ;
Mais tâchez de lui plaire et de vous faire aimer,
Car malgré tous mes vœux...

GROSCHENET.

    Je n'ose vous blàmer ;
Cependant, entre nous, pardonnez ma franchise,
J'aurais touché le cœur de l'aimable Louise,
Si vous n'aviez permis les assiduités
De ce monsieur Lagrange, et les civilités
Dont il semble, à ma barbe, accabler votre fille.
En un mot, auprès d'elle, à mes dépens il brille,
Et c'est fort ennuyeux !

MAD. DUVIVIER.

   Il a beaucoup d'esprit !

GROSCHENET.

Tout son esprit, chez moi, n'a pas un grand crédit,
Et je crois qu'il tiendrait un tout autre langage,
Si ses désirs avaient pour but le mariage.
Le plus sûr, croyez-moi, c'est qu'il la compromet.
Si sa conduite un jour, au dehors se transmet,
On parlera de vous, d'une façon sévère !
Vous savez comme on cause en la ville d'Auxerre !

MAD. DUVIVIER.

Qu'importent les propos ! Lagrange peut avoir

<hr>

* Pour la mise en scène, le premier nom inscrit occupe la droite de l'acteur.

Le désir d'épouser, j'en ai même l'espoir,
Et vous sentez qu'alors...

GROSCHENET.

               L'ambition vous gagne !

MAD. DUVIVIER.

Chacun ne fait-il pas des châteaux en Espagne ?

GROSCHENET.

Pour vous un avoué vaut bien mieux qu'un marchand !

MAD. DUVIVIER.

Non ! je ne prétends pas...

GROSCHENET.

            Je sais votre penchant....
Vous voulez vous lancer dans la magistrature.
A votre place moi, j'aimerais mieux, je jure,
Un riche quincailler, qu'un mince procureur
Qui doit encor sa charge à son prédécesseur.

MAD. DUVIVIER.

Il la doit, il est vrai ; mais de cette créance
On n'est point inquiet.

GROSCHENET.

         Attendez l'échéance.
S'il épousait Louise, il ne pourrait compter
Sur la dot de sa femme afin de s'acquitter,
Car maître Pellegrin, j'en ai la certitude,
Cinquante mille francs lui vendit son étude.

MAD. DUVIVIER.

Et ma fille, en effet, n'en a que la moitié.

GROSCHENET.

Mais moi, je m'en contente, et si votre amitié
Voulait m'aider un peu dans cette circonstance,
Oh ! je suis bien certain...

MAD. DUVIVIER.

          Ayez-en l'assurance,
Vous me verrez toujours prête à vous obliger,
Et si vous en doutiez, ce serait m'affliger.
Voyons, que faut-il faire ?... Eh bien ?

GROSCHENET.

           Fort peu de chose...

C'est que tout bonnement votre porte soit close
A ce monsieur Lagrange.

MAD. DUVIVIER.

               Ah! c'est tout bonnement
Ce que vous désirez? C'est modeste vraiment!
Quoi! chasser de chez moi cet honnête jeune homme,
Que pour ses qualités tout le monde renomme,
Que monsieur Pellegrin, l'ami de la maison,
Estime ainsi que nous, avec tant de raison,
Et qui pour mon boston fait juste un quatrième?
N'y comptez pas.

GROSCHENET, *à part.*

             Au jeu que n'est-il en cinquième !
(*Haut.*) Serait-ce par égard pour monsieur Pellegrin,
Que vous n'expulsez pas votre jeune voisin?

MAD. DUVIVIER.

Ce serait un motif assez bon, je le pense.

GROSCHENET.

Mais non pas suffisant pour tant de résistance,
Car je sais quelque chose...

MAD. DUVIVIER.

             Alors, expliquez-vous.

GROSCHENET.

Ce n'est pas le moment.

MAD. DUVIVIER.

            Vous êtes un jaloux.

GROSCHENET.

Jaloux, pour vous donner des conseils de prudence?
Vous verrez avant peu si c'est de l'exigence.
Songez que ce jeune homme entrave mon amour,
Qu'il rompt mon avenir — je le dis sans détour,
Si j'avais le loisir de lui chercher querelle...
Mais dans mon magasin une affaire m'appelle...
(*A part.*) Il faut que Pellegrin s'explique dès ce soir;
Courrons le prévenir. (*Haut.*) Je m'oublie. Au revoir.
                    (Il sort.)

SCÈNE II.

MAD. DUVIVIER, *seule.*

Il sort sans s'expliquer, mais je vois que Lagrange

Est un rival qu'il craint, il n'a pas pris le change.
Notre ami Pellegrin, si fort intéressé,
Peut-être auprès de lui se sera prononcé.
Verrait-il à regret Lagrange aimer Louise ?
A rompre un tel amour, hélas ! tout l'autorise ;
La charge est encor due et son jeune acquéreur,
Peut, aidé de ses soins, faire un choix bien meilleur.
Jusqu'à présent Lagrange a gardé le silence ;
Est-ce, amour pour Louise, ou bien indifférence ?
Il l'aime, je le crois .. Cependant Groschenet,
Las d'un nouveau retard est homme à rompre net.
Je suis veuve, encor jeune ; à côté de sa mère
Une fille, toujours, à ses dépens doit plaire...
Il faut la marier. La voici justement,
Tâchons de pénétrer son secret sentiment.

SCÈNE III.

LOUISE, Mad. DUVIVIER.

LOUISE.

Maman ! est-il parti ?

MAD. DUVIVIER.

    Eh qui donc, je te prie ?

LOUISE.

Mais... monsieur Groschenet !

MAD. DUVIVIER.

      Cela te contrarie !

LOUISE.

Au contraire, maman, cela me fait plaisir ;
Car je puis maintenant respirer à loisir.

MAD. DUVIVIER.

Ah ! voilà, je l'avoue, un élan de franchise...

LOUISE.

Faut-il donc avec toi que mon cœur se déguise,
Et que je vienne ici, dénaturant le fait,
Dire, les yeux baissés, que cet homme me plaît ?

MAD. DUVIVIER.

Non vraiment, mais au point où se trouvent les choses,
A de grands embarras, tout à coup tu m'exposes ;
Car, monsieur Groschenet m'a demandé ta main.

LOUISE.

Il voudrait m'épouser? vraiment de son dessein
Je ne me doutais pas... la chose est fort plaisante;
J'en rirais de bon cœur, si j'en étais contente.

MAD. DUVIVIER.

Et moi qui te croyais instruite à ce sujet.
Il ne t'a pas encor fait part de son projet?

LOUISE.

Jamais, en vérité, je n'ai dans son langage,
Eu l'art de découvrir un mot de mariage.
De me désobliger, il a tellement peur,
Que pour se faire aimer, il cache son ardeur.

MAD. DUVIVIER.

Comment? il serait vrai? j'étais loin de m'attendre...
Je croyais plus d'esprit à notre futur gendre.

LOUISE.

De son silence moi, je lui sais gré vraiment;
Et pour n'avoir rien dit, je le trouve charmant.

MAD. DUVIVIER.

C'est montrer, selon moi, beaucoup trop d'indulgence,
Si tu ne sens pour lui que de l'indifférence.
Je cherche à deviner les secrets de ton cœur.
Pour celui qui t'amuse il est plein de froideur,
Quand un autre peut-être ayant l'art de se taire,
Vient y jeter soudain un trouble involontaire.
Monsieur Lagrange enfin...

LOUISE, *à part.*

     Cachons mon embarras,
Mon trouble (*haut.*) En vérité, maman, je ne sais pas.

MAD. DUVIVIER.

Peut-être Groschenet en sait-il davantage!
Mais Lagrange en un mot lui donne de l'ombrage,
Il vient de m'assurer...

LOUISE.

     Il se trompe, vraiment.....
Ce soupçon-là me blesse et très grièvement.

MAD. DUVIVIER.

Il a craint d'un rival la muette éloquence...
C'est permis en amour.

LOUISE.

Ah ! mon indifférence
Aurait dû lui prouver...

MAD. DUVIVIER.

Sans doute il n'y croit pas.
Mais, s'il en est ainsi, dès demain tu pourras
Sans peine consentir à devenir sa femme...
Et ce consentement, ta mère le réclame.
Espérant que ton cœur se laissera fléchir,
Je vais te laisser seule un moment réfléchir.
Chez monsieur Pellegrin une petite affaire
M'appelle maintenant ; à mon retour, j'espère,
Tu seras décidée. (*à part.*) Il faut que ce matin
J'aille, sur tout ceci consulter Pellegrin.
(*Haut.*) Voyons, sois raisonnable.

(Elle embrasse Louise et sort.)

SCENE IV.

LOUISE *seule,*

Oh ! que je suis à plaindre !
Comment parer, hélas ! le coup qui va m'atteindre ?
Pourrai-je plus long-temps cacher à tous les yeux,
Un amour aussi pur, aussi mystérieux !
Je n'oserai jamais avouer à ma mère,
Que Lagrange est celui qu'en secret je préfère ;
Qu'il m'aime et que mon cœur à lui seul appartient.
Sur ses projets futurs cependant il s'abstient,
Il ne m'a point encor parlé de mariage ;
Il faut qu'à s'expliquer aujourd'hui je l'engage.
Le voici justement qui vient par le jardin ;
Quel sujet peut ici l'amener si matin ?

SCÈNE V.

LAGRANGE, LOUISE.

LAGRANGE.

Vous me voyez porteur d'une triste nouvelle.

LOUISE.

Vous m'effrayez.

LAGRANGE.

Il faut d'abord que je rappelle
Louise, en quelques mots le passé qui nous fuit,

Pour vous montrer l'état où je me vois réduit.
Orphelin, sans parens, sans espoir de fortune,
Mais ayant le cœur plein d'une ardeur peu commune,
Je dus sur mon travail baser mon avenir,
Et compter sur moi seul pour me le conquérir.
Approuvant mes efforts et ma longue aptitude,
L'avoué Pellegrin me céda son étude;
Je ne m'aperçus pas qu'il en doublait le prix.
Dans mon ardeur alors j'eusse tout entrepris.
Peut-être avais-je aussi l'espoir qu'un mariage
Pourrait venir un jour achever mon ouvrage.
Je puis vous l'avouer sans en être blâmé,
Je n'avais pas alors le bonheur d'être aimé !
Soutenu par l'amour qui tous les deux nous lie,
Par cet amour si pur dont mon âme est remplie,
Je viens vous annoncer enfin que dès demain,
Je veux de votre mère obtenir votre main.

LOUISE.
Et c'est là, Monsieur Paul, cette triste nouvelle ?

LAGRANGE.
J'oubliais !... C'est une autre, hélas, non moins réelle.
Ce Pellegrin, pour vous si bon si dévoué,
Avant l'ami du cœur fait passer l'avoué.
Soupçonnant notre amour, il craint un mariage,
Qui n'offre, selon lui, pas assez d'avantage,
Et va tout mettre en œuvre afin de l'empêcher.
Déjà, depuis huit jours, il s'est mis à chercher,
Et grâces à ses soins, il trouve une alliance
Qui m'offre le moyen de solder sa créance;
A Célestine Abert, enfin, il veut m'unir.

LOUISE.
Hélas ! serait-il vrai ? je n'en puis revenir...
Mademoiselle Abert !

LAGRANGE.
La chose est trop certaine !

LOUISE , *avec dépit*.
Je crois qu'à consentir elle aurait peu de peine,
Je ne lui connais pas un seul adorateur.

LAGRANGE.
La nature pour elle avare de faveur,

Fut cruelle, il est vrai, mais la dot qu'on lui donne ,
La rend à tous les yeux, la plus belle personne !
L'argent corrige tout, et tout se fait par lui.

LOUISE.

De sa puissance, hélas ! j'ai la preuve aujourd'hui,
Car apprenez aussi que ma main est promise
A monsieur Groschenet, que tout le favorise,
Et que ma mère exige un prompt consentement.

LAGRANCE.

Groschenet ! votre époux ? Oh ! non certainement ,
Vous ne pouvez former une telle alliance...
Ne précipitons rien , un obstacle, je pense,
S'opposera bientôt à tous ces vains projets.
A de trompeurs espoirs les amans sont sujets,
Mais j'attends de Paris une heureuse nouvelle,
Qui pourra tout changer.

LOUISE.

       Si vous comptez sur elle ,
Sachez qu'ainsi que vous, moi j'attends aujourd'hui
La lettre d'une tante, autrefois mon appui.
Chère tante , long-temps son amitié sincère
Me prodigua des soins qu'eût enviés ma mère.
Chez elle, il m'en souvient, j'ai vu quatre printemps
Renaître avec les fleurs, et là mes premiers ans
Couler comme un ruisseau paisible et sans orage.
Au tableau séduisant des charmes du jeune âge,
Qui pourrait résister ? A ce doux souvenir,
Ma bonne tante a dû se laisser attendrir,
Car grâce à son amour, ainsi qu'à ses promesses,
Je devais avoir part un jour à ses richesses ;
Elle a beaucoup de biens, rien ne doit lui coûter.

LAGRANGE.

Ces promesses !.. Le temps a pu les emporter...

LOUISE , *tristement.*

Un jour avec ma mère elle eut une querelle,
Et malgré mes efforts on me sépara d'elle ;
J'ai cependant osé me fier à son cœur
Et dans son amitié placer notre bonheur.
Espérons tous les deux une heureuse réponse.

LAGRANGE.

Eh bien ! sur notre amour que le destin prononce :
Attendons son arrêt.

LOUISE.

Quoi qu'il puisse arriver,
Je vous aime et saurai bientôt vous le prouver...
Mais redoublons tous deux de soins et de prudence.
LAGRANGE, *baisant avec passion la main de Louise.*
Vous rendez à mon cœur, le calme et l'espérance.

SCÈNE VI.

LAGRANGE. PELLEGRIN, LOUISE.

PELLEGRIN, *qui a entendu les deux derniers vers.*
Ne vous dérangez pas.

LOUISE, *en se sauvant.*
Dieu !

LAGRAGNE, *à part.*
Maudit visiteur !

PELLEGRIN, *riant.*

Vraiment un vieux renard cause moins de terreur,
A certain couple ailé qu'il surprend en son gite !
Je conçois en effet votre frayeur subite...
Mais aussi quand on vient, au nez de la maman,
Filer avec la fille un amoureux roman ,
Il faut de la prudence, et surtout faire en sorte,
De fermer en entrant soigneusement la porte.
Je l'ai trouvée ouverte, *et indè delictum.*
Vous auriez dù, mon cher, garder le décorum.
LAGRANGE , *vivement.*
Je ne puis vous cacher que de cette surprise
Je suis très affligé... Croyez bien que Louise...
PELLEGRIN.
Louise est une Agnès qu'il faudra marier,
C'est le moyen je crois de tout concilier ;
Et je vais à sa mère en montrer l'importance !
LAGRANGE.
Ah ! que je vous sais gré de votre bienveillance !

* Pellegrin, Louise, Lagrange.

PELLEGRIN.

A moins que par hasard, ce soit votre projet
De me remercier au nom de Groschenet,
Je ne vois pas...

LAGRANGE.

Comment ! ce n'est pas pour moi-même
Que vous voulez agir ?

PELLEGRIN.

Votre erreur est extrême !

LAGRANGE.

Quoi ! c'est à Groschenet que vous voulez l'unir !
Mais non, vous m'entendrez, vous saurez aplanir...

PELLEGRIN.

Moi ! pour votre malheur et celui de Louise,
Dans un pareil amour que je vous favorise ?
Mais vous n'y pensez pas ! ami de la maison,
Le vôtre en même temps, il faut que ma raison
Vienne à votre secours ; je veux vous être utile,
Et c'est pour vous tirer de ce pas difficile
Que je vous promets bien d'user de mon crédit.

LAGRANGE.

Je connais la valeur de l'intérêt subit
Qu'à tous deux vous portez !

PELLEGRIN.

Ecoutez-moi, Lagrange,
Ici je ne veux pas exiger de louange ;
Mais je dis que pour vous, que pour votre avenir,
Ce mariage-là ne saurait convenir.
Il vous faut de l'argent; l'époque est positive;
Aujourd'hui l'amour cède à sa prérogative;
Son bandeau, je le sais, tombe encor sur les yeux
De quelques tourtereaux comme vous amoureux,
Mais bientôt en chemin, marchant de chute en chute,
Le bandeau se détache après une culbute.
On se relève alors , honteux et tout surpris
Du chemin détourné qu'à tâtons l'on a pris ;
Heureux si l'on retrouve une route propice !
Sur l'autel de l'amour s'il faut un sacrifice,
En petite monnaie on paie son tribut,
Sans détourner les yeux, de loin visant le but,

Et conservant son cœur pour meilleure entreprise.
Maintenant, une femme est une marchandise
Qu'on prend au poids de l'or; c'est l'unique moyen
De ne pas s'y tromper, et comme l'on fait bien !
Depuis dix ans, mon cher, le progrès est immense,
Tout cède et doit céder aux lois de la finance,
Et c'est le seul moyen, disons-le hautement,
De retrouver enfin l'heureux siècle d'argent.

LAGRANGE.

Le superbe discours ! je me tais et j'admire !
Pour le faire imprimer, vous devriez l'écrire.
Vous étiez né vraiment pour être procureur,
Mais vous avez bien mal choisi votre acquéreur ;
Pour un pareil emploi, j'ai trop d'indépendance,
Et l'argent n'a sur moi pas assez d'influence.
Je sais que maintenant, chacun prenant l'essor,
Court en pélerinage, adorer le veau d'or,
N'importe que la route en soit sale et fangeuse ;
Moi, je voue au mépris l'idole merveilleuse,
Et n'irai point plaçant mon bonheur à venir
Dans quelques sacs d'écus qu'un jour peut engloutir,
Sur un terrain mouvant, appuyer l'édifice
Qui doit de la fortune échapper au caprice.

PELLEGRIN.

Voilà bien la jeunesse et ses raisonnemens!
Elle affiche partout de fort beaux sentimens,
Pour estimer l'argent elle a l'âme trop fière ;
Mais pour le dépenser....

LAGRANGE.

          Ah ! changeons de matière.
Vous venez de surprendre un malheureux secret,
Montrez-vous généreux... soyez assez discret...

PELLEGRIN.

Je ne dirai rien, mais si quelqu'un le soupçonne
Et vient m'interroger... je ne trompe personne...
C'est délicat... je veux tout oublier pourtant,
Si de votre côté vous en faites autant.
Voyons, mon cher Lagrange, un peu de ce courage

Dont on a plein le cœur quand on est à votre âge.
Songez à nos projets... Cinquante mille francs
Vous seraient apportés en bons deniers comptans;
Et vous pourriez alors me payer mon étude...

LAGRANGE.

Eh ! reprenez-la donc, car l'épreuve est trop rude.
Je ne veux rien entendre, adieu; sachez-le bien,
De ce que vous ferez je n'ignorerai rien.

(Il sort.)

SCÈNE VII.

PELLEGRIN, *courant après Lagrange.*

Lagrange ! écoutez-moi. — Le voilà qui s'envole !
Maudit soit son amour et sa tête frivole !
Ah ! j'ai bien peur d'avoir fait un pas d'écolier,
Et d'être jusqu'au cou tombé dans un bourbier.
C'était laborieux , ça plaidait comme un ange ;
Et voilà que soudain sa tête se dérange,
Ce n'est plus bon à rien. Oh! je suis d'une humeur,
En pensant que Louise!..... admirez la candeur
Des filles d'à présent, et cet air d'innocence!
Je me battrais vraiment de mon imprévoyance...
Ha! si j'osais parler..... mais serait-ce prudent?
Non! cherchons un moyen...j'ai beaucoup d'ascendant
Sur la mère... il vaut mieux... l'affaire est épineuse...
N'importe , essayons....

SCÈNE VIII.

PELLEGRIN, Mad. DUVIVIER.

MAD. DUVIVIER, *entrant par le jardin.*

       Ah! la rencontre est heureuse !
Je reviens de chez vous.

PELLEGRIN.

       Moi ! j'arrive à l'instant,
Pour vous entretenir d'un objet important.

MAD. DUVIVIER.

Je voulais vous parler de mon incertitude
A propos du mari...

PELLEGRIN.

       Votre sollicitude

Se conçoit... au sujet de Monsieur Groschenet
Je viens précisément. — Faut-il vous parler net ?
Vous devez vous hâter de marier Louise.
Il faut que je m'explique avec pleine franchise,
Puisque vous voulez bien en faire quelque cas.
Je connais la raison de tout votre embarras !
Vous vous êtes laissé bercer par l'espérance
Que Lagrange, rompant un beau jour le silence,
De votre fille enfin demanderait la main ;
Il vous faut détromper, votre espoir était vain:
Car j'ai trouvé pour lui le plus beau mariage,
Or j'ai pour en finir sa parole pour gage.
Nous venons d'obtenir, avec lui de concert,
Un bon consentement de la famille Abert.
Or vous devez sentir maintenant l'importance
De ne pas différer et de prendre l'avance.
Il faudrait vous garder de laisser entrevoir
Un désappointement facile à concevoir.

MAD. DUVIVIER, à part.

Cachons-lui mon dépit. (Haut.) Je n'ai, je vous le jure,
Jamais conçu d'espoir de pareille nature.
Ce que vous m'apprenez, bien loin de m'affliger,
Vient me combler de joie, et je vois le danger
De laisser soupçonner que mon incertitude
Ait un tout autre but que ma sollicitude.
Groschenet ce matin me pressait d'en finir....
Puisqu'il en est ainsi, faites-le prévenir.

PELLEGRIN, àpart.

Très bien !

MAD. DUVIVIER.

Mais cependant... je doute que Louise
Se décide aujourd'hui...

PELLEGRIN.

Si par mon entremise,
Vous pensiez....

MAD. DUVIVIER.

Essayez...

PELLEGRIN.

Je me charge de tout.

Je n'ai qu'à dire un mot pour en venir à bout...
Oh ! je connais Louise, avec un peu d'adresse...

MAD. DUVIVIER.

Je compte donc sur vous... je craindrais ma faiblesse.
Je vais vous l'envoyer.

PELLEGRIN.

Je saurai la fléchir,
Vous la retrouverez prête à vous obéir.

SCÈNE IX.

PELLEGRIN, *seul.*

C'est le moment d'user de toute l'éloquence
Dont j'ai donné cent fois la preuve à l'audience.
Cette cause est la mienne, et si je la perdais,
Je n'oserais jamais me montrer au palais.
Ici, de Groschenet, que l'affaire s'arrange,
Alors, chez les Abert, j'introduirai Lagrange.
Par un mensonge adroit auprès de la maman
Je viens de réussir, suivant le même plan
Avec la fille, bien ! la voici qui s'approche.

SCÈNE X.

LOUISE, PELLEGRIN.

PELLEGRIN, *allant au devant de Louise qui s'avance les*
yeux baissés.

Quoi ! redouteriez-vous de moi quelque reproche ?
Un ami, je le sais, peut en avoir le droit,
Mais je n'en ferai point (*A part*), ce serait maladroit.

LOUISE, *à part.*

Quel est donc son projet ?

PELLEGRIN.

Soyez moins inquiète ;
Mes yeux se sont fermés et ma bouche est muette.

LOUISE.

Ah ! monsieur, croyez bien...

PELLEGRIN, *avec une feinte bonhomie.*

C'était fort innocent...

Je venais ce matin vous apprendre en passant,
Une bonne fortune arrivée à Lagrange,
Lorsque je l'ai trouvé, qui plus heureux qu'un ange,
Vous l'apprenait lui-même...

LOUISE.

Ah! vous êtes cruel!

PELLEGRIN.

Cruel! et pourquoi donc? il est bien naturel,
Qu'il se soit empressé d'obéir à l'usage,
Et de vous annoncer son prochain mariage,
Puisqu'il obtient la main de Célestine Abert.

LOUISE.

Lagrange! est-il possible? (*A part*) oh! ma tête se perd.

PELLEGRIN.

Quoi! vous ne saviez pas?... du jour c'est la nouvelle.

LOUISE.

Lui qui me promettait d'être toujours fidèle,
De m'épouser bientôt !

PELLEGRIN.

Vraiment? c'est une horreur !
Croyez donc à l'amour de ce petit trompeur;
Lorsque le vieil Abert, il me semble l'entendre,
Consentait hier soir à le nommer son gendre.

LOUISE, *tombant assise sur un fauteuil.*

Que je souffre ! (*Elle s'évanouit.*)

PELLEGRIN.

Ah, mon Dieu! Louise, écoutez-moi !
Remettez-vous un peu... bannissez votre effroi.
(*A part.*) Aurais-je été trop loin? maudite maladresse.

LOUISE, *revenant à elle.*

Ce n'est rien, presque rien... un moment de faiblesse.
(Elle se lève.)
Contre un tel coup mon cœur n'était point préparé ;
Mais j'espère bientôt.

PELLEGRIN.

Me voilà rassuré.
Comprend-on qu'à ce point il ait pu méconnaître
L'intérêt que pour lui vous aviez fait paraître !
Lagrange, croyez-moi, n'est qu'un ambitieux,
Qui vous sacrifiait... eh bien! à qui mieux mieux ;
Épousez Groschenet, voilà votre vengeance,

2

C'est le prix mérité de son indifférence
Et de sa trahison. Votre consentement
Vous assure à jamais tout notre attachement.
On ignorera tout, j'en donne la promesse ;
Vous devez oublier celui qui vous délaisse ;
Vous le devez, Louise, et je l'attends de vous ;
Il faut que Groschenet devienne votre époux.

LOUISE, avec dépit.

Il me trompait ! eh bien ! si la chose est possible,
A cette trahison je veux être insensible.

PELLEGRIN.

Ce sera fort bien fait ; mais pour son châtiment,
Il faut pousser à bout votre ressentiment,
Et dès ce jour enfin, sans plus vous en défendre,
Aux vœux de Groschenet consentir à vous rendre.

LOUISE, soupirant.

Allons ! qu'il en soit donc ce que vous désirez.

PELLEGRIN.

Bien ! très bien ! c'est ainsi que vous lui montrerez
Qu'une femme toujours à se venger est prête.
Je vais voir votre mère, et fidèle interprète
De vos intentions, je vole prévenir
Celui qui n'attend plus qu'un mot pour revenir.

LOUISE.

Demeurez en ces lieux, j'entends venir ma mère ;
Je vous laisse, sans moi, terminer cette affaire.

(Elle sort.)

SCÈNE XI.

Mad. DUVIVIER, PELLEGRIN.

MAD. DUVIVIER.

Eh bien ?

PELLEGRIN.

Nous l'emportons, et tout marche à souhait !
Je m'en vais aussitôt prévenir Groschenet,
Préparer le contrat. Il faut que cette affaire
Se termine aujourd'hui, la chose est nécessaire,
Et vous savez pourquoi. Ce serait assez bien
D'arranger pour Louise un petit entretien
Avec son prétendu. Contre son ordinaire,

Il sera pathétique, il le faut, je l'espère.
Je vais à ce sujet lui faire la leçon.
Mais le temps presse, adieu, restez donc sans façon.

SCÈNE XII.

MAD. DUVIVIER, *seule*.

Il réussit sans peine au gré de son envie,
Et d'un succès certain sa démarche est suivie.
Je sais apprécier ses soins officieux,
Et j'ai caché fort mal mon dépit à ses yeux.
Si j'avais pu donner des conseils à Louise,
En un meilleur chemin l'affaire eût été mise.
Les jeunes filles sont si gauches maintenant !
Il faudrait tout leur dire... et c'est peu convenant
De professer les lois de la galanterie,
Et de former sa fille à la coquetterie,
Cela ne s'apprend pas. — Allons la prévenir
Que pour la voir ici Groschenet va venir;
Que puisqu'à l'épouser elle s'est décidée,
Cette faveur au moins lui doit être accordée;
Que bien qu'on n'aime pas on peut aimer plus tard;
Qu'enfin les bons maris sont les fruits du hasard.

Elle sort.

SCÈNE XIII.

GROSCHENET.

Oh là ! je n'en puis plus, j'ai couru... Tiens personne !
Eh bien j'en suis content ; cette absence me donne
Le temps de réfléchir .. Mais c'est bien singulier,
Chez moi l'art de penser est si peu familier,
Que plus je réfléchis, moins je trouve d'idées.
Mes offres, cependant, viennent d'être agréées;
Pellegrin qu'à l'instant d'ici j'ai vu sortir
En se frottant les mains, vient de m'en prévenir.
« Soyez beau, m'a-t-il dit, et que votre éloquence
» Fasse oublier enfin votre trop long silence. »
Pour lui plaire, en effet, il faut que mon amour
A Louise, aujourd'hui, se montre sans détour.
C'est bien le moins vraiment de lui peindre ma flamme,
La veille du beau jour où je la prends pour femme !
Et l'ami Pellegrin vient de me l'assurer.

Je n'ai qu'à le vouloir pour me faire adorer,
Et certes je le veux ; du moins, cela me semble.
J'entends du bruit ! C'est elle ! On dirait que je tremble·

SCÈNE XIV.
LOUISE, GROSCHENET.

GROSCHENET.

Vous voyez devant vous, de vos bontés comblé,
L'homme le plus heureux, et le plus... essoufflé !

LOUISE.

Que vous arrive-t-il?

GROSCHENET.

De ma béatitude,
Vous cherchez la raison ; quand j'ai la certitude
Qu'enfin vous consentez à faire mon bonheur ?

LOUISE.

A ma mère, il est vrai, je viens d'ouvrir mon cœur;
J'ai promis d'obéir.

GROSCHENET.

En faut-il davantage?
Croyez que nous ferons le plus heureux ménage...

LOUISE.

Je dois vous prévenir, qu'en recevant ma main,
De posséder mon cœur votre espoir serait vain.

GROSCHENET.

Cela viendra plus tard... C'est ce qui me rassure.

LOUISE, *soupirant.*

Ah !

GROSCHENET.

Ce soupir n'est pas d'un bien heureux augure :
(A part.)
Pour Lagrange aurait-elle un tendre attachement?

LOUISE, *à part.*

S'il savait !

GROSCHENET, *à part.*

Ça m'irait abominablement !
(Haut.)
Pourtant... j'aimerais mieux, si je n'ai l'espérance
Que ça vienne plus tard, n'en pas courir la chance.

LOUISE, *à part.*

Cachons bien mon secret. (*Haut.*) Comptez sur l'avenir.

GROSCHENET.

Oh ! je suis maintenant certain de parvenir
A me faire adorer, et j'abjure la crainte,
Dont à regret, vraiment, mon âme était atteinte.
J'avais peur d'un rival.

LOUISE.

Ah ! monsieur Groschenet.

GROSCHENET.

C'est à tort... et pourtant.., j'avais quelque sujet...

LOUISE.

Quelque sujet ?

GROSCHENET.

Mais oui, car en votre présence,
Lagrange était pensif et mettait tant d'instance
A diriger sur vous ses regards langoureux ,
Que, ma foi, j'avais craint qu'il ne fût amoureux.

LOUISE.

Vous aviez remarqué?

GROSCHENET.

La chose est pardonnable ;
Pour se laisser aimer on n'est pas condamnable...
Et puis... Je vous fais rire et lui presque pleurer,
Cela seul suffirait pour me faire espérer...

LOUISE.

Je vois avec plaisir qu'il vous faut peu de chose
Pour vous contenter.

GROSCHENET.

Soit ! Aussi je me propose
Un avenir... fort beau...

LOUISE , *distraite.*

J'entends venir quelqu'un.

GROSCHENET.

Déjà nous interrompre.—Au diable l'importun !
(*A part.*) Ça commençait si bien !

LOUISE , *à part.*

Oh ! je serai prudente.
Pour signer, j'attendrai la lettre de ma tante.

SCÈNE XV.

LOUISE, Mad. DUVIVIER, PELLEGRIN, GROS-CHENET.

PELLEGRIN.

Tout le monde est d'accord ! Votre nœud conjugal,
Mon pauvre Groschenet, m'a donné bien du mal.

GROSCHENET.

Je ne suis point ingrat et ma reconnaissance...
Mais je dois adresser, dans mon impatience,
A ma belle maman plus d'un remercîment ;
Car je viens d'obtenir un doux consentement...
Ainsi quand vous voudrez, sans davantage attendre,
Madame Duvivier, je serai votre gendre.

MAD. DUVIVIER.

Si Louise n'y met plus d'opposition !
Je n'ai moi, pour ma part, aucune objection...

PELLEGRIN.

Oui, parbleu, c'est conclu ! pour terminer l'affaire,
Allez vite, mon cher, prévenir le notaire.

GROSCHENET *

J'y cours, et je reviens ; mais avant de sortir...
N'ai-je rien oublié?... je crois me souvenir...
Parbleu! je savais bien... une lettre à l'adresse
De ma future... (*Il cherche dans ses poches.*)

MAD. DUVIVIER.

Eh quoi !

GROSCHENET.

Voyez ma maladresse !
Me pardonnerez-vous? l'amour est oublieux.
Pierre, le messager venant de Château-Vieux,
Apprenant que chez vous je me rendais moi-même,
L'a remise en mes mains. (*Il remet une lettre à Louise.*)

LOUISE, *à part, décachetant la lettre.*

Voyons, ô trouble extrême !
C'est de ma bonne tante !

PELLEGRIN A GROSCHENET.

Eh bien, qu'attendez-vous?

GROSCHENET.

Tiens, j'oubliais ! ma tête est sens dessus dessous.
Mesdames, à tantôt.

* Louise, Mme Duvivier Groschenet, Pellegrin.

SCÈNE XVI.
LOUISE, Mad. DUVIVIER, PELLEGRIN.

LOUISE, *après avoir lu.*

Quelle heureuse nouvelle,
En quelques mots, pour moi, cette lettre recelle!
Maman! Monsieur! lisez, c'est ma tante.

MAD. DUVIVIER.

Comment?
Ma belle-sœur t'écrit? quel heureux changement!

PELLEGRIN, *après avoir pris la lettre.*

Lisons. (*Il lit*).
« Tu fais fort bien, de compter sur ta tante,
» Elle t'aima toujours; son amitié constante
» Ne saurait point se démentir.
» Tu recevras en un contrat de rente,
» Cinquante mille francs qu'elle a voulu t'offrir
» Pour assurer ton prochain mariage.
» L'acte portant donation
» Du capital en question
» Te parviendra ce soir. Sois heureuse en ménage.
» Chéris toujours ta tante Duvivier,
» Et donne-lui bientôt un petit héritier.»

MAD. DUVIVIER.

D'un aussi grand bonheur que je te félicite!

PELLEGRIN, *donnant la lettre à Louise.*

J'ai bien lu (*A part.*), trop bien lu! je suis allé trop vite.
(Haut.)
Je vous fais compliment.— (*A part.*) J'enrage au fond
du cœur.

MAD. DUVIVIER.

Je n'en veux plus vraiment, à cette chère sœur!
Elle pense à sa nièce; une ancienne querelle
Ne l'a point fait changer; sa conduite est fort belle!
Quel soufflet, entre nous, pour le cousin Verdun!

PELLEGRIN, *à part.*

Ce soufflet-là, morbleu! vient en frapper plus d'un.

LOUISE, *à part.*

Si Paul m'aimait encor! mais de son inconstance,
Puis-je douter, hélas!

PELLEGRIN, *à part.*

Dans mon imprévoyance

Je n'ai pas su... Voilà la femme qu'il faudrait
A mon ami Lagrange. — Oh ! comme ça m'irait !
Plus de vingt mille écus ! c'est ma foi présentable ;
A Célestine Abert Louise est préférable...

MAD. DUVIVIER.

Mais, mon cher Pellegrin, vous me semblez rêveur...
Et prenez faiblement part à notre bonheur !

PELLEGRIN, *embarrassé.*

De grâce pardonnez : c'est que dans la mémoire,
Il me revient soudain une fâcheuse histoire
Qui me donne à penser... Groschenet, cependant,
Pourrait dans cette affaire être fort innocent ;
Mais avant qu'il revienne, et que tout s'accomplisse,
Il est un doute enfin qu'il faut que j'éclaircisse.
Du reste, croyez que... je suis fort enchanté
D'un bonheur que Louise a si bien mérité...

(A part.)   (Fausse sortie.)

Courons chercher Lagrange. * (*A part.*) Ah ! pendant
                                             mon absence
Gardez sur tout ceci le plus profond silence,
Et surtout, songez-y, n'achevez rien sans moi.

(Il sort.)

<h1 align="center">SCÈNE XVII.</h1>
LOUISE, Mad. DUVIVIER.

MAD. DUVIVIER.

En vérité ; j'ai peine à m'expliquer pourquoi
Il paraît si troublé.... quel est donc ce mystère ?
Craindrait-il en effet quelque fâcheuse affaire
Au sujet du futur !

LOUISE.

                    Nous le saurons ce soir.
Malgré moi dans mon cœur se glisse un doux espoir.

MAD. DUVIVIER.

Pour moi, de tout ceci, j'ai la tête remplie...
Mais avant qu'un contrat aujourd'hui ne nous lie,
J'aurais plus que jamais besoin de réfléchir.
Je vais rentrer chez moi... Toi tu peux à loisir
Descendre dans ton cœur... ta fortune nouvelle,
Au projet de ce jour peut le rendre rebelle...

* Louise, Pellegrin. Mad. Duvivier.

Peut-être un autre époux... je te laisse y songer.

(Elle sort.)

SCÈNE XVIII.

LOUISE, *seule*.

Il en est temps encor, je puis me dégager...
Mais mon bonheur, hélas, avec plus d'insistance,
Me fait sentir de Paul l'affreuse indifférence !
Ah ! s'il pouvait savoir tout le mal qu'il m'a fait ;
Et que riche à présent... peut-être il reviendrait...
Il faut par une lettre... oh, non ! non, qu'il l'ignore ;
Je veux un amour pur, et m'aima-t-il encore,
Je le soupçonnerais... Ecrivons seulement,
Ce que pourra dicter mon seul ressentiment.

(Elle s'approche de la table pour écrire.)

Mais on vient... ah mon Dieu ! c'est Lagrange lui-même.

SCÈNE XIX.

LAGRANGE, LOUISE.

LAGRANGE.

Louise ! qu'ai-je appris ? oh ! dans mon trouble extrême,
Je n'ose encore y croire... On l'assure pourtant...
Vous jurez de m'aimer, et dans le même instant,
Vous jetez sans pitié la douleur en mon âme.
Groschenet, en un mot, vous obtient pour sa femme ?

LOUISE.

Qui vous a dit ?...

LAGRANGE.

Lui-même ; et je ne sais comment
J'ai pu dompter soudain un premier mouvement,
Quand j'ai vu de ce sot l'inexplicable audace,
M'en jeter en passant la nouvelle à la face !....
Mais parlez donc enfin...

LOUISE, *avec une froideur forcée*.

Je ne puis concevoir
Que ce soit la raison de votre désespoir...
J'ai bien droit, je le crois, à quelque méfiance,
Car vous avez, hélas ! trahi ma confiance.

LAGRANGE.

N'espérez pas ainsi, m'accablant sans raison,
Excuser vos dedains et votre trahison.

Vous me sacrifiez...

LOUISE.

Quoi! je serais coupable?
C'est vous qui m'accusez! mais c'est inexplicable.
J'ai tout appris, monsieur, je sais qu'hier enfin,
De Célestine Abert vous obteniez la main.

LAGRANGE.

Eh quoi! vous avez pu me faire cette injure,
Et me croire à ce point et cruel et parjure!
Mais par qui donc enfin ici suis-je accusé?

LOUISE.

Par monsieur Pellegrin... m'aurait-il abusé?

LAGRANGE.

Pellegrin! c'est ainsi qu'il m'a tenu parole!
Vous deviez le savoir, notre amour le désole,
Et pour nous séparer rien n'a dû lui coûter;
Un mensonge de plus ne pouvait l'arrêter.
Ne croyez pas, Louise, à cette calomnie,
Echappée à dessein d'une bouche ennemie;
Vous seule avez été l'objet de mes amours,
Je n'aimai que vous seule et vous aime toujours.

LOUISE.

Que vous faites de bien à mon cœur trop crédule,
Et prompt à s'alarmer d'un conte ridicule.

LAGRANGE.

Confiez-vous à moi. Si vous avez promis
D'épouser Groschenet, ses vœux par vous admis,
Vont céder aussitôt devant ma résistance.

LOUISE.

Oh! je veux mettre en vous toute ma confiance!

LAGRANGE.

Mon rival, entre nous, n'est pas fort dangereux,
Mais il ne faudrait pas perdre un temps précieux.
Je vais me déclarer auprès de votre mère,
Lui peindre mon amour, puis à nos vœux prospère,
De son consentement obtenir la faveur.

LOUISE.

Je le sens, maintenant je puis croire au bonheur!
On vient, j'entre chez moi. (*A part.*) Je suis impatiente
De mettre sous ses yeux la lettre de ma tante.

(Elle sort.)

SCÈNE XX.

LAGRANGE , PELLEGRIN.

LAGRANGE.

Bon, voici Pellegrin, avant tout, à nous deux.
Je veux avoir raison de son mensonge affreux !

PELLEGRIN, *à part.*

J'espère que Louise a gardé le silence
Au sujet de la dot... Montrons de l'assurance.
(Haut.) Parbleu je vous cherchais sans vous savoir ici !

LAGRANGE, *avec une colère concentrée.*

Et moi j'allais sortir pour vous chercher aussi...

PELLEGRIN.

J'aurais plus d'un reproche, entre nous, à vous faire.

LAGRANGE, *surpris.*

Des reproches !

PELLEGRIN.

Sans doute, et de vous y soustraire
Vous tenteriez en vain.

LAGRANGE.

C'est fort original !

PELLEGRIN.

Vous, cher Lagrange, vous ! m'avoir jugé si mal.

LAGRANGE.

Eh quoi?

PELLEGRIN.

Vous, pour qui j'eus tant de condescendance ,
Ne pas avoir en moi mis votre confiance !

LAGRANGE.

Comment?

PELLEGRIN.

C'est mal, très mal ! m'avoir ainsi caché
Qu'à Louise à ce point vous étiez attaché !
Vous m'avez exposé, dans ma juste méprise,
A faire malgré moi, la plus grande sottise...

LAGRANGE, *avec humeur.*

Mais à moins d'être aveugle et sourd, il est certain
Que vous avez bien dû l'apprendre ce matin.

PELLEGRIN.

Il est vrai que j'ai vu... mais en fait de constance,

De passion, d'amour, j'ai peu d'expérience ;
Et sur ce code-là j'ai besoin de leçon.

LAGRANGE.

Que vous avez bien fait de rester vieux garçon !

PELLEGRIN.

Vieux garçon ! C'est pour ça que je n'ai pu comprendre
Que l'on pouvait aimer d'une façon si tendre.

LAGRANGE.

Vos regrets, vrais ou faux, ne répareront rien.

PELLEGRIN.

Je réparerai tout, j'en cherche le moyen.

LAGRANGE, *ironiquement*.

Pour me désobliger, en ressource fertile,
Votre esprit ce matin se montrait plus docile,
Et Groschenet...

PELLEGRIN.

Mais non, il s'est par trop hâté,
Certes de sa demande il sera débouté.
Ah ! si vous aviez vu les larmes de Louise.
Au moment où poussant ma fâcheuse entreprise...
J'ai su m'en repentir, et soudain confondu,
J'ai compris qu'il fallait que vous fussiez rendu
A celle qui sans vous ne saurait être heureuse.
Pourriez-vous croire encor mon amitié douteuse ?

LAGRANGE.

Quel changement ! Eh quoi, votre amour pour l'argent
A cédé tout à coup ?

PELLEGRIN.

Je deviens indulgent,
Mon cœur s'est attendri.

LAGRANGE.

Miracle ! qui s'opère
Au cœur d'un avoué ! — Voyons, qu'allons-nous faire ?

PELLEGRIN.

Déjà dans mon cerveau, j'ai préparé mon plan ;
Je réponds du succès auprès de là maman.
Mais j'entends Groschenet,—vite, entrez chez Louise.
Ma foi, c'est un moyen que l'amour autorise,
Il faut en profiter, et me laisser agir ;

Je vous avertirai quand il faudra sortir,
En frappant à la porte.

LAGRANGE.

Oh ! sans impatience

J'attendrai.

(Il ouvre la porte.)

PELLEGRIN.

Soyez sage.

(Il pousse la porte sur Lagrange.)

LAGRANGE, *ouvrant la porte.*

Ayez-en l'assurance.

PELLEGRIN.

C'est bon ; mais entrez donc.

LAGRANGE, *entrant dans le cabinet.*

Nous sommes bien d'accord ?

PELLEGRIN.

Eh oui !

(Il pousse la porte.)

LAGRANGE, *entr'ouvrant la porte.*

Pour m'avertir, ne frappez pas trop fort.

PELLEGRIN, *poussant Lagrange dans le cabinet.*

Eh non ! morbleu, l'amour est une sotte chose,
Et je tiens celui-là pour en avoir sa dose !
Jusqu'à présent pour moi l'affaire a bien marché,
Mais je n'en serai pas quitte à si bon marché
Avec le quincaillier ! Ne perdons pas la tête,
Et pendant que sur lui s'amasse la tempête,
Assurons-en l'effet !

SCÈNE XXI.

PELLEGRIN, GROSCHENET.

GROSCHENET, *les poches pleines de boîtes de dragées.*

Me voici de retour...

Ah ! je suis harrassé ! Quel beau jour que le jour
Des fiançailles ! Mais j'aime peu la fatigue,
Et de ces jambes-là, je ne suis pas prodigue.

(Il prend une chaise pour s'asseoir.)

Le notaire viendra dans deux heures. (*Il s'assied.*) Holà !
Que m'arrive-t-il donc ? Qu'est-ce que je sens là !
Eh parbleu ! j'oubliais mes boîtes de dragées,
De ce jour fortuné compagnes obligées.

(Il tire les boîtes de ses poches et les empile sur la table.)

C'est que je pense à tout... et cette attention
Est de rigueur, et fait toujours impression.
En mangeant vos bonbons à vous l'on s'intéresse.
(Montrant les boîtes.)
Sur chacune ce soir, nous écrirons l'adresse.
Ha ça! Qu'avez-vous donc? Vous êtes soucieux!
(Il s'assied.)

PELLEGRIN *qui s'est assis de son côté.*

Vous trouvez?... Cependant...

GROSCHENET.

A votre air sérieux,
Je pourrais craindre...

PELLEGRIN.

Non!

GROSCHENET.

Si fait! mon mariage
Aurait-il essuyé quelque nouvel orage?

PELLEGRIN.

Je n'oserais....

GROSCHENET.

Parlez.

PELLEGRIN.

Eh bien! puisqu'il le faut...
Je trouve chez Louise un énorme défaut!

GROSCHENET, *se levant.*

Un défaut dans la taille?

PELLEGRIN.

Eh non! elle est bien faite.
La place qu'il occupe est ma foi plus secrète...

GROSCHENET.

Ah! mon Dieu!

PELLEGRIN.

C'est le cœur! La femme à son époux
Doit apporter ce cœur plein d'amour... et pour vous...

GROSCHENET.

Louise, ce matin, m'en a fait confidence,
Elle ne m'aime pas, je le savais d'avance

PELLEGRIN,

Comment! vous le saviez! et d'un pareil aveu.

Vous n'avez pas prévu le résultat?
GROSCHENET!
Parbleu!
Si fait, je l'ai prévu... mais d'une autre manière.
PELLEGRIN.
Si ça vous accommode?
GROSCHENET.
Allons donc! au contraire,
Ce résultat pour moi, c'est un prompt changement.
Louise m'aimera bientôt éperdûment.
PELLEGRIN.
Ah! c'est bien différent! Vous avez pour lui plaire
En effet ce qu'il faut. — Les maris d'ordinaire.
Ont ce qu'il faut aussi. — Ce n'est pas suffisant,
Quand la femme aime ailleurs; mais vous, si séduisant!
Vous ne pouvez manquer...
GROSCHENET.
Laissons-là l'ironie,
De tourmenter les gens vous avez la manie.
PELLEGRIN.
Je ne dirai plus rien.
GROSCHENET.
Si fait! c'est un devoir
Pour vous de m'éclairer, et je veux tout savoir...
(A part).
De ce que j'apprendrai je ferai bon usage.
PELLEGRIN.
Décemment je ne puis en dire davantage,
Chacun pour soi, mon cher, en voilà bien assez
Sur ce chapitre-là... trop loin vous me poussez.
Louise vous convient, épousez-la de suite.
GROSCHENET.
Epouser, épouser! la chose est bientôt dite...
Mais si plus tard, au lieu de l'amour que j'attends,
Il m'arrivait malheur. — Ce ne serait plus temps
De réparer le mal. — Si las de me contraindre,
Je venais, un beau jour, auprès de vous me plaindre,
Que répondriez-vous à mes tourmens jaloux?
PELLEGRIN.
Ce que je répondrais? Ma foi, tant pis pour vous.

GROSCHENET.

C'est bien cela, parbleu! La phrase est consolante!
Tant pis pour vous! Je sens une chaleur brûlante
Qui me gagne le front.

PELLEGRIN.

Laissons cet entretien.

GROSCHENET.

Non!

PELLEGRIN.

Que voulez-vous faire, enfin?

GROSCHENET.

Je n'en sais rien.
Si fait. — J'observerai. — Je serai tout oreille...
A mes chers intérêts il faudra que je veille,
Et si je m'aperçois...

PELLEGRIN, *à part.*

Bon, le voilà lancé;
De le pousser à bout, je serai dispensé.

GROSCHENET.

Si Louise...

PELLEGRIN.

Agissez, mon cher, avec prudence.
Mais, je veux en sortant, vous prêter assistance.

(Mystérieusement.)

Jusques à mon retour, demeurez dans ces lieux,
Surtout ne quittez pas cette porte des yeux.

(Il montre la porte de la chambre de Louise et sort par le jardin.)

SCÈNE XXII.

GROSCHENET, *seul.*

Certainement ici quelque chose se passe...
Je le saurai, morbleu, car je suis sur la trace.
Chez Louise en effet cette porte conduit.....
Au métier d'espion me voilà donc réduit!
Cependant mon hymen est un coup de fortune.
La tante de Louise oubliant sa rancune,
Pour m'obliger moi-même, aujourd'hui je l'apprends,
Lui donne en bon contrat cinquante mille francs.

La vieille demoiselle eut jadis pour mon père
Un tendre attachement, accru par le mystère;
Près d'elle cet amour m'ayant mis en faveur,
Par d'anciens souvenirs j'ai su toucher son cœur;
En rappelant du père une amoureuse ivresse,
J'ai sur son fils chéri ramené sa tendresse.
Elle vient de m'écrire... et la donation
Est depuis un instant en ma possession.
Je m'applaudis d'avance en voyant leur surprise !
Puisque la bonne tante ainsi me favorise,
En termes si précis. . je dois valoir enfin,
Cent cinquante pour cent de plus que ce matin.
Mais j'oublie en parlant d'examiner la porte.
Oh ! si j'osais, avant que Louise ne sorte,
M'approcher doucement...

(Il s'approche et se baisse contre la porte.)

J'entends du bruit, je crois,
Je ne me trompe pas... Je reconnais sa voix.
Elle parle à quelqu'un. — Si je pouvais entendre !
C'est un homme ! il répond ! je ne puis rien comprendre.
Cette porte est fermée... oh ! je voudrais.

(Il frappe contre la porte en la poussant, la porte s'ouvre, Lagrange
paraît.)
Grand Dieu !

Lagrange !
LAGRANGE, *refermant vivement la porte.*
Groschenet !

GROSCHENET.

C'est mon rival, morbleu !
Pellegrin le savait !... Voilà donc le mystère !
Allons, de la prudence... et cachons ma colère.
Lagrange est là pourtant.—Le fait est confirmé !
Et ma présence ici l'y tiendra renfermé...
Pour l'en faire sortir, il faut feindre une absence,
Je saurai me montrer pour venger mon offense.

(Il remonte la scène et se cache derrière le rideau de la fenêtre.)

SCENE XIII.

LAGRANGE, GROSCHENET, *caché*.

LAGRANGE, *riant*.

Il est parti! ma foi, j'avais bien entendu;
Au lieu de Pellegrin, c'était le prétendu.
Pellegrin! tout à coup redevenu si tendre,
Si chaud, si dévoué! je m'y suis laissé prendre,
En cherchant la raison de ce prompt changement;
Lui marchait à son but dans son propre élément;
Il venait d'être instruit du don que fait la tante,
Et si profondément l'intérêt le tourmente,
Qu'il devait sur ses pas, faisant un prompt retour,
Evincer Groschenet pour servir mon amour.

GROSCHENET, *sortant de derrière le rideau*.

M'évincer! moi! qu'entends-je? Evincez-vous vous-
même.

LAGRANGE.

Vous étiez caché là!

GROSCHENET.

Grâce à ce stratagème,
Qui m'a si bien servi, je viens de découvrir...

LAGRANGE.

Qu'on se moquait de vous, il faut en convenir.

GROSCHENET.

Je ne conviens de rien. — De chez ma fiancée
Vous venez de sortir...

LAGRANGE.

Auriez-vous la pensée?

GROSCHENET.

Il m'est permis, je crois, de trouver cela mal.

LAGRANGE.

Vous refuser ce droit me paraît plus légal.

GROSCHENET.

Mais je suis le futur, et je puis bien d'avance
Surveiller...

LAGRANGE.

Croyez-moi, c'est trop de prévoyance.

GROSCHENET.

Cela m'arrange, moi; je veux agir ainsi.

LAGRANGE.

Monsieur! vous êtes fou!

GROSCHENET.

Je suis fou! grand merci !

LAGRANGE.

Et vous feriez bien mieux, voyant votre défaite,
De vous exécuter et de battre en retraite.

GROSCHENET.

Ce n'est pas vous du moins qui me ferez sortir.

LAGRANGE.

Je veux précisément me donner ce plaisir...
Sortons, monsieur.

GROSCHENET.

Sortez, si cela vous amuse.

(Passant de l'autre côté de la table.)

Je me cramponne ici... je connais votre ruse.

LAGRANGE.

M'entendez-vous, monsieur... je veux que vous sortir —

GROSCHENET.

Eh! laissez-moi tranquille! enfin, vous m'ennuyez.

SCENE DERNIERE.

LAGRANGE, LOUISE, Mad. DUVIVIER,
PELLEGRIN, GROSCHENET.

MAD. DUVIVIER , *accourant.*

Quel est ce bruit? Messieurs !

PELLEGRIN, *à Groschenet.*

Calmez-vous donc de grâce

LAGRANGE.

Mesdames, pardonnez...

PELLEGRIN, *à Groschenet.*

Vous êtes en disgrâce

GROSCHENET.

Vraiment! nous allons voir.

MAD. DUVIVIER , *à Groschenet.*

Vous sembliez oublier

GROSCHENET.

Pas du tout, pas du tout, madame Duvivier,
Je me souviens très bien — J'avais votre parole.

Tout était convenu. — Mais, ce qui me désole,
C'est de trouver ici, dans un pareil moment,
Monsieur! un étranger, qui fort impoliment
Semble chercher querelle à mon droit de présence ,
Quand la sienne en ces lieux est d'une inconvenance !

LAGRANGE.

Ma présence, monsieur, pourra se concevoir:
J'apporte ici des droits que je ferai valoir.
Avant vous j'ai reçu le serment de Louise.

GROSCHENET.

Mais ce matin pourtant...

LAGRANGE.

C'était une méprise !

PELLEGRIN *à Groschenet.*

C'est juste, il a raison et je vous donne tort,
Car, *primus occupans unicus possessor* ,
Qui veut dire en français, que la main de Louise
Par la priorité doit lui rester acquise.

GROSCHENET

Bah! tout votre latin...

MAD. DUVIVIER.

Des intérêts puissans...
J'ignorais ce matin l'amour de ces enfans ,
Et depuis...

PELLEGRIN.

Vous voyez... la cause est entendue ,
Et, malgré mes efforts , mon cher, elle est perdue.

GROSCHENET.

Attendez — pas encor — je viens de recevoir
Un papier sur lequel je fonde un grand espoir.
La tante de Louise...

(Il tire un contrat de sa poche.)

MAD. DUVIVIER.

Eh ! nous savons la chose...
Pour ma fille aujourd'hui , ma bonne sœur dispose..

GROSCHENET.

Quoi! vous sauriez déjà..?

PELLEGRIN.

Oui! la donation

De la tante—Voyons (*Il prend l'acte.*) c'est l'expédition
De l'acte.

GROSCHENET.

Lisez donc.

PELLEGRIN *à Groschenet.* *

Comment en cet instant
Vous trouvez-vous nanti de cet acte important?

GROSCHENET.

Parbleu! par la raison qu'ici je représente
L'un des intéressés dans les dons de la tante.

LOUISE, *surprise.*

L'un des intéressés!

PELLEGRIN, *à part.*

Ah! lisons vite.

(Il lit.)

« Pardevant maître Corbinaud, et cætera, a compa-
» ru demoiselle Françoise-Marie-Jeanne Duvivier,
» fille majeure, et cætera, laquelle a déclaré faire do-
» nation à demoiselle Louise Duvivier, sa nièce, d'une
» somme de cinquante mille francs...

Eh bien?

GROSCHENET.

Allez toujours, allez, surtout n'omettez rien.

PELLEGRIN, *continuant.*

» D'une somme de cinquante mille francs, payables
» en espèces, sous la condition essentielle que ladite
» demoiselle Louise Duvivier épousera en légitime ma-
» riage, Jean-François-Rigobert Groschenet, auquel
» la donatrice porte un vif attachement...

GROSCHENET, *prenant l'acte des mains de Pellegrin et*
continuant de lire en appuyant sur les mots.

« A défaut duquel mariage la présente donation sera
» regardée comme nulle et non avenue. »

Vous ne connaissiez pas cette petite clause?
N'est-ce pas?

MAD. DUVIVIER.

Il est vrai!

PELLEGRIN.

Ça change bien la chose!

Lagrange, Louise, Pellegrin. Mme Duvivier, Groschenet

Double sot que j'étais, tout espoir m'est ôté...
Il faut ouvertement passer de son côté. *
          (Haut.)
Groschenet ! j'avais tort... je vous rends mon estime.
                    MAD. DUVIVIER, *riant.*
J'admire, en vérité, ce dévoûment sublime !
                    PELLEGRIN.

Riez si vous voulez de ce revirement ,
Mais suivez mes conseils , vous ferez sagement.
Cinquante mille francs sont, ma foi, bons à prendre,
Et sont bien suffisans pour embellir un gendre.
Louise, écoutez-moi, croyez que le bonheur
Toujours de la fortune exige la faveur ;
Epousez Groschenet, et la ville d'Auxerre
Vous nommera la riche et belle quincaillière...
Lagrange, à votre tour, voulez-vous conserver
Vos droits à votre étude? il faut me le prouver
En nous laissant ici terminer cette affaire.

                    LAGRANGE.

Sans sortir de ces lieux , je vais vous satisfaire
Dans un instant.
                    MAD. DUVIVIER.
              C'est moi qui dois répondre enfin ,
Aux vœux toujours si purs de monsieur Pellegrin.
Je ne saurais douter de toute l'obligeance
Qu'il vient de nous montrer dans cette circonstance;
Mais, sans chercher comment on fit pour obtenir
Cette donation, ayant pour but d'unir
Ma fille à Groschenet, je prétends qu'elle-même ,
Arbitre de son sort, dans ce moment suprême ,
Décide lequel doit l'emporter en ce jour,
Ou l'amour sans l'argent ou l'argent sans l'amour.
                    LOUISE.
Maman, mon choix est fait, ma main est à Lagrange,
                    GROSCHENET , *à part.*
Je vais me trouver mal.
                    LAGRANGE , *à Louise.*
              Ah! vous êtes un ange !

* Lagrange, Louise, Mad. Duvivier, Pellegrin, Groschenet

GROSCHENET.
Pellegrin !

PELLEGRIN.
Groschenet !
GROSCHENET.
Je ne me sens pas bien !
Donnez-moi votre bras.
PELLEGRIN.
C'est un faible soutien ,
Car je suis, croyez-moi, dans ce moment pénible ,
Plus déconfit que vous.
MAD. DUVIVIER, *bas à Lagrange.*
Leur maintien est risible !
LAGRANGE.
Puisque Louise enfin m'a choisi pour époux ,
Je veux que Pellegrin soit satisfait de nous.
Je sais comment calmer sa sombre inquiétude. —
Allons, consolez-vous, je garde votre étude ,
Car je vais la payer. — Voici ma caution.
Ce portefeuille là vaut la donation...
Ainsi, sans rien toucher à la dot de Louise
Je m'acquitte envers vous.

(Il remet un portefeuille à Pellegrin.)

LOUISE *à Lagrange.*
Comment? quelle surprise !
LAGRANGE *à Louise.*
Vous m'aviez bien caché...
MAD. DUVIVIER.
C'est un prêté rendu.

PELLEGRIN, *ouvrant le portefeuille.*
Mais je n'en reviens pas. — Je croyais tout perdu,
Et voilà que soudain. Votre bras me fatigue.
Tenez-vous... (*Il repousse Groschenet.*)
GROSCHENET.
Contre moi tout le monde se ligue !
Jusques à Pellegrin. — Parbleu, je le comprends,
C'est qu'il vient de palper cinquante mille francs,
Et que moi je les perds. — Hélas! je vois se fondre
Les deux dots à la fois ! — J'aurai beau me morfondre ,

J'en serai pour mes frais—Ah! mon Dieu, mes bonbons!
Parbleu je ne veux pas payer les violons.

(Il remet les boîtes dans ses poches.)

PELLEGRIN, après avoir compté les billets.

C'est le compte... vraiment, je n'y puis rien comprendre.

LAGRANGE.

Croyez que malgré moi je vous ai fait attendre.

PELLEGRIN

N'en parlons plus... pourtant si ça peut vous gêner
Je ne voudrais pas...

LAGRANGE, avec un sourire amer.

Non !

PELLEGRIN.

Vous pourriez soupçonner.

LAGRANGE.

Ce serait abuser de votre patience.

PELLEGRIN, mettant le portefeuille dans sa poche.

Allons, je me résigne à vous donner quittance',
Ce qui doit m'étonner...

MAD. DUVIVIER.

C'est d'avoir dans la main

Un tel remboursement cru long-temps incertain.

PELLERGIN.

Oui ! cela me surprend. — J'aurais tort de le taire
Et je cherche comment Lagrange à pu le faire.
Vous étiez sans parens.

LAGRANGE.

Mais j'avais un appui

D'autant plus précieux, qu'il est rare aujourd'hui...
Des amis dévoués, dont l'heureuse obligeance
M'a fait de leur crédit éprouver l'influence.
J'aurais eu tort vraiment de n'en pas essayer,
Je n'ai grâce à leurs soins plus de charge à payer.

(Le rideau tombe.)

Imprimerie de Madame DE LACOMBE, rue d'Enghien, 12.